BEI GRIN MACHT SICH IHR WISSEN BEZAHLT

- Wir veröffentlichen Ihre Hausarbeit,
  Bachelor- und Masterarbeit

- Ihr eigenes eBook und Buch -
  weltweit in allen wichtigen Shops

- Verdienen Sie an jedem Verkauf

Jetzt bei www.GRIN.com hochladen
und kostenlos publizieren

GRIN

Bibliografische Information der Deutschen Nationalbibliothek:

Die Deutsche Bibliothek verzeichnet diese Publikation in der Deutschen National-bibliografie; detaillierte bibliografische Daten sind im Internet über http://dnb.d-nb.de/ abrufbar.

Impressum:

Copyright © 2013 GRIN Verlag
Druck und Bindung: Books on Demand GmbH, Norderstedt Germany
ISBN: 9783656509875

Dieses Buch bei GRIN:

https://www.grin.com/document/262729

Mathias Hirsch

Reflektion der Praxisarbeit: Wechselwirkungen zwischen Studium und Arbeit

GRIN Verlag

GRIN - Your knowledge has value

Der GRIN Verlag publiziert seit 1998 wissenschaftliche Arbeiten von Studenten, Hochschullehrern und anderen Akademikern als eBook und gedrucktes Buch. Die Verlagswebsite www.grin.com ist die ideale Plattform zur Veröffentlichung von Hausarbeiten, Abschlussarbeiten, wissenschaftlichen Aufsätzen, Dissertationen und Fachbüchern.

Besuchen Sie uns im Internet:

http://www.grin.com/

http://www.facebook.com/grincom

http://www.twitter.com/grin_com

Praxisbericht

im Kurs

Reflektion der Praxisarbeit

Vorgelegt von

Mathias Hirsch

Kassel, 30.03.2013

Inhaltsverzeichnis

Wortanzahl: 5.400

Abbildungen

1 Einleitung

1.1 Ziel des Praxisberichts

Der vorliegende Praxisbericht dient der Reflektion der im Studium Master of Public Administration (MPA) theoretisch erworbenen Kenntnisse im Hinblick auf die berufliche Tätigkeit des Verfassers. Hierbei soll aufgezeigt werden, inwieweit Wechselwirkungen zwischen Studium und Arbeit bestanden haben und welche Rolle das erlernte Wissen für die praktische Arbeit des Verfassers gespielt hat.

1.2 Aufbau des Berichts

Im zweiten Kapitel des Berichts wird das berufliche Umfeld des Verfassers, einschließlich dessen Aufgabengebiete dargelegt und ein Überblick über die Behörde gegeben werden. In den sich anschließenden Kapiteln werden die theoretisch erworbenen Kenntnisse des Studiums anhand eines Praxisbeispiels angewandt. Dabei soll dargestellt werden, inwieweit die Studienkenntnisse die Praxisarbeit beeinflusst haben. Zur Betrachtung eines Projektes wird dieses näher beschrieben und im Nachgang dieser aus den Blickwinkeln verschiedener erlernten Themenfelder näher erläutert. Abschließend wird ein Fazit gezogen.

2. Berufliches Umfeld

2.1 *Der Arbeitgeber*

Der Verfasser ist seit sechs Jahren beim xxx als Xxx nleiter beschäftigt. Das xxx gehört zum Geschäftsbereich des Bundesministeriums der Verteidigung (BMVg) und ist dem Organisationsbereich der xxx (Referat xxx) zugeordnet.

Das Referat xxx ist zuständig für:

- xxx der xxx, dazu gehören die allgemeinen Organisations- und Personalangelegenheiten der xxx in den Streitkräften

- IT-Koordination der xxx

- Bewirtschaftung des Gerichtskostentitels

- Wehrbeschwerde- und Wehrdisziplinarordnung sowie entsprechende Rechtsverordnungen sowie

- Disziplinargnadensachen der Soldaten.

Die vorrangig zu erledigenden Aufgaben in den XXX 'en umfassen die Entscheidungen über Beschwerde- und Disziplinarangelegenheiten auf richterlicher Ebene sowie die verwaltungsmäßige Organisation, Vor- und Nachbereitung von Gerichts- und Kostengrundentscheidungen auf der verwaltungstechnischen Seite. Durch die Folgen der Bundeswehrstrukturreform und der damit einhergehenden Schließung von zwei der fünfzehn Standorte der Gerichtsbarkeit, wurde es zwingend notwendig, die verbleibenden Standorte trotz dislozierter Verteilung im Bereich des gemeinsamen Wissensmanagements zu verbinden, um eine gemeinsame Grundlage der Entscheidungen und der Sicherung von Wissen der Mitarbeiter[1] zu erreichen. Die nachfolgende Abbildung zeigt die Gliederung des Organisationsbereiches der Xxx in der Bundeswehr auf.

Abbildung 1 - Organisationsstruktur BMVg[2]

---

[1] Im Folgenden ist auch immer die weibliche Form gemeint.

[2] Abruf unter: http://www.bundeswehr.org/portal/a/bworg/!ut/p/c4/04_SB8K8xLLM9MSSzPy8xBz9CP3I5 EyrpHK9pPL8onQ9IE5KLUrNTM5I1S_IdIQEAA7IE4A!/

Deutlich zu erkennen ist die Trennung der Xxx vom militärischen Organisationsbereich[3] und die Zuordnung zum zivilen Organisationsbereich des BMVg.

2.2 Berufliche Tätigkeiten

Der Verfasser arbeitet, auf Grundlage des erworbenen akademischen Grades eines Diplom-Verwaltungswirtes (FH), als Beamter im gehobenen Dienst in der Funktion eines Xxx nleiters einer Kammer des XXX 'es Xxx .

Als Xxx nleiter obliegt dem Verfasser die Leitung der Xxx einer Kammer beim Xxx Xxx , sowie die Urkundsbeamtentätigkeit und die Unterstützung des Vorsitzenden Richters in allen Verwaltungsangelegenheiten.

Die Aufgaben umfassen hierbei, neben den o.g., zum einen den Arbeitsbereich des

> ⇨ IT-Management, hierbei:
>
> > - Controlling im IT-Bestandsverzeichnis
> >
> > - Umsetzung und Weiterentwicklung des IT-Rahmenkonzeptes
> >
> > - Planung und Umsetzung von Systemverbesserungen im Rahmen des Kontinuierlichen Verbesserungsprogramms und zum anderen
>
> ⇨ IT-Querschnittsaufgaben, hierbei:
>
> > - Budgetverantwortung für sämtliche IT-Beschaffungen
> >
> > - Planung und Durchführung von IT-Fortbildungsveranstaltungen.

Neben den dargestellten Fachaufgaben ist der Verfasser zum stellvertretenden Datenschutz- und Sicherheitsbeauftragten bestellt worden, wofür ca. 20% der Arbeitszeit gebunden ist. In beiden Funktionen ist der Verfasser weisungsfrei und hat direktes Vortragsrecht beim Präsidenten des Xxx es Xxx .

---

[3] Dem Umstand geschuldet, dass die NS-Militärjustiz oftmals zu Unrecht Urteile verhängt hatte, unterliegen die Soldaten der zivilen Gerichtsbarkeit, um einer Verurteilung von Soldaten durch Soldaten vorzubeugen.

Seit dem Beginn des Masterstudiengangs wurden neben der praktischen Arbeit theoretische Grundkenntnisse erworben, welche im zu begleitenden Projekt „Einführung eines Xxx nprogramms" in diesem Praxisbericht reflektiert werden sollen.

3. Das Projekt „Einführung eines Xxx nprogramms"

3.1 Ausgangssituation und Problemanalyse

Aufgrund des technischen Fortschrittes und der Einführung von Systemlaufwerken innerhalb der Bundeswehr, welche den Datentransfer und -abruf von jedem Arbeitsplatz-PC ermöglichten, wurde festgestellt, dass die bis dato in verschiedenen Medien geführten Informationen zu den jeweiligen Gerichtsverfahren zwar disloziert vorhanden sind, jedoch nicht ausreichend transparent und strukturiert für die Beschäftigten und zur Weiterverwertung in anderen Organisationen außerhalb der Bundeswehr[4] zur Verfügung stehen.

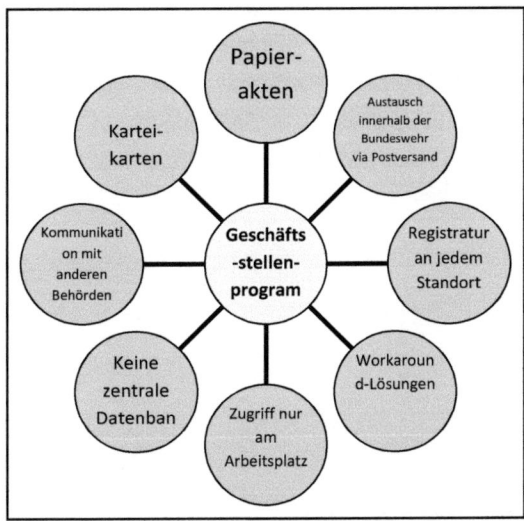

Abbildung 3 – Ausgangssituation (eigene Darstellung) [5]

---

[4] z.B. Entscheidungen, welche den xxx am xxx zugänglich gemacht werden sollten, da diese die Berufungsinstanz der XXX 'e ist.

[5] Alle bis dato getrennt voneinander existierenden Arbeitsfelder sollten mit Hilfe des Xxx nprogramms zusammengeführt werden.

Es wurde daher überlegt, die organisationsübergreifend vorhandenen Informationen zu jeder Zeit an jedem Ort in derselben Qualität verfügbar zu machen. Nach einer Problem- und Bedarfsanalyse ergab sich die zwingende Notwendigkeit, die Informationen aus den verschiedenen Medien[6] in einer zentralen und vor allem zur Verfügung stehenden Anwendung zusammen zu fassen.[7] Grundlage für die technische Komponente war hier die Bereitstellung der Microsoft-Office-Produktfamilie seitens der Bundeswehr. Externe Software kam für die Migrierung angesichts der angespannten Haushaltslage nicht in Betracht.[8]

Ziel der Einführung des elektronischen Xxx nprogramms war die produktive Integration in die täglichen Arbeitsprozesse der Mitarbeiter, um möglichst Einarbeitungskosten zu sparen und den laufenden Dienstbetrieb nicht mehr als nötig zu belasten. Im Endeffekt bedeutete dies, dass die traditionellen Informationsablagen (Karteikarten) und Vorgangsbearbeitungsformen (nur auf dem Papier) durch ein neues, elektronisches Bearbeitungssystem abgelöst werden mussten. Ein Parallelbetrieb[9] sollte bis zur endgültigen Funktionalität beibehalten werden. Bei der Einschätzung der zu bewältigenden Aufgabe[10] zeigte sich, dass aufgrund der Komplexität der IT-technischen Probleme[11], der voraussichtlich benötigten Ressourcen sowie der Einmaligkeit der Bedingungen in ihrer Gesamtheit, das Vorhaben nur im Rahmen eines Projektes zu bewältigen war.[12]

---

[6] Bis dato vorwiegend Karteikarten, teilweise Office-System.

[7] Diese Ergebnisse wurden nach Eingabe an das Referat xxx XXX durch die IT-Beauftragten der XXX vorgelegt und mit der Bitte um Umsetzung wieder an die IT-Beauftragten zurückgegeben.

[8] Auf Grund des HERKULES-Rahmenvertrages ist der Einsatz von Sondersoftware nicht möglich.

[9] Die Implementierung erfolgte während des laufenden Dienstbetriebes, die Einarbeitung erfolgte während der Implementierung, sodass die Mitarbeiter während dieser Phase mit beiden Systemen arbeiten mussten.

[10] Regel- und Linienprozesse, Lessel, W., S. 11f.

[11] z.B. Umstellung auf anderes Dateisystem, Anbindung an vorhandene Programme

[12] DIN 69901-1 „Grundlagen" des Deutschen Instituts für Normung e.V.

3.2 Die Vorgehensweise im Projektmanagement

3.2.1 Definition Projekt

Nach DIN 69901[13] ist ein Projekt ein Vorhaben, welches im Wesentlichen durch die Einmaligkeit der Bedingungen in ihrer Gesamtheit gekennzeichnet ist, z. B. Zielvorgabe, zeitliche, finanzielle, personelle und andere Begrenzungen und Abgrenzungen gegenüber anderen Vorhaben und projektspezifische Organisation. Wendet man diese Definition auf das o.g. Vorhaben, die Einführung des elektronischen Xxx nprogramms an, so kommt man zu dem Schluss, dass es sich hierbei um ein Projekt handeln muss, da die Neuerrichtung ein einmaliger Vorgang ist und klare Zielvorgaben mit zeitlichen, finanziellen und personellen Beschränkungen gegeben sind. Hiermit grenzt sich das vorliegende Projekt eindeutig von der Linienorganisation ab, zumal auch hierfür eine Projektgruppe gegründet wurde.

3.2.2 Situationsanalyse

Die Situationsanalyse, welche ein wichtiger Teilprozess der Initiierung ist, ist eine Lagebeurteilung, welche die Projektidee im Hinblick auf das Projektumfeld untersucht, strategisch einordnet und Konsequenzen für die Realisierung prognostiziert[14]. Es ist wichtig, dass hierdurch der IST-Zustand erkannt wird, denn nur auf Grundlage dessen, ist es möglich, einen Startpunkt zu ermitteln und etwaige Probleme im Vorfeld zu erfassen. Hier stellen sich u.a. Fragen wie: „Wo stehen wir? Was ist der Auslöser des Projektes? Wer ist vom Projekt betroffen? Was sind kritische Erfolgsfaktoren?" [15] Angewandt auf das vorliegende Beispiel ergibt sich als Auslöser des Projektes die Weisung der Dienststellenleitung zur Implementierung eines elektronischen Xxx nprogramms. Die Mitarbeiter sind in diesem Fall diejenigen Betroffenen, welche im Vorfeld des Projektes die Daten hauptsächlich in Papierform zur Verfügung hatten und welche nach Umsetzung des Projektes mit dem neuen IT-Programm möglichst verzugslos in die neue Aufgaben-, Anforderungs- und IT-

---

[13] DIN 69901-1 „Grundlagen" des Deutschen Instituts für Normung e.V.

[14] Vgl. Peter Nausner, S. 128 ff.

[15] Vgl. Susanne Kowalsk i, S. 23.

Infrastruktur eingebunden werden müssen. Die einzelnen Projektziele spezifizieren sich anhand konkreterer Fragestellungen, wobei die Kernfrage des Projektes lautet: Wie kann ich das bisherige Wissen vollständig in elektronische Medien integrieren und wie schnell können alle betroffenen Mitarbeiter mit dem neuen Programm arbeiten.

Bezogen auf das vorliegende Projekt soll die Implementierung der vorhandenen Daten (Wissensmanagement[16]) über einen Zeitraum von sechs Monaten, durch schrittweises Übertragen der Alt- und gleichzeitiges Einpflegen der Neu-Daten, erfolgen. Parallel dazu soll im gleichen Zeitraum die Einarbeitung der Mitarbeiter durch Schulung von Multiplikatoren durchgeführt werden, all dies mit dem vorhandenen IT-Fachpersonal, umfassend je 1 Mitarbeiter pro Aufgabenbereich des XXX .[17]

Der idealtypische Ablauf einer Situationsanalyse gestaltet sich wie folgt:

- Einholen von Basisinformationen

- Festlegen einer Untersuchungsstrategie

- Datenerfassung

- Erhebung primärer Entwicklungsfaktoren (z. B. notwendige Technologien)

- Untersuchung der dispositiven Bereiche (Ressourcen, Logistik).[18]

3.2.3 Problemanalyse

„Problemlösen ist das, was man tut, wenn man nicht weiß, was man tun soll".[19] Ausgehend von dieser Gedankengrundlage sollte eine Analyse des Problems folgende Anhaltspunkte enthalten:

---

[16] Begriff für alle strategischen bzw. operativen Tätigkeiten , die auf den bestmöglichen Umgang mit Wissen abzielen.

[17] Die Mitarbeiterstärke beträgt pro XXX 25 Mitarbeiter, an jeweils 3 dislozierten Standorten.

[18] Vgl. Nausner a.a.O. S 128 f.

- die Diskussion des Soll-Zustands (Zielvorstellung),

- die Analyse des Ist-Zustands und

- die Bewertung der Abweichung.[20]

Eine detaillierte Problemanalyse ist in der Regel bereits ein entscheidender Teil des Problemlösungsprozesses, denn schon in dieser Phase werden erste Lösungsansätze deutlich.

Die nachstehende Übersicht zeigt eine mögliche Projektanalyse bei der Einführung des Xxx nprogramms:

Wie äußert sich das Problem?	Was könnte die Ursache sein?	Wie ließe sich das Problem lösen?	Was spricht eventuell dagegen?
Fehlende Software an allen Standorten	Beantragung des Softwareupdates fehlgeschlagen	Rechtzeitige Kontaktaufnahme zum IT-Servicesupport	Mangelhafte Regelung der Zuständigkeiten
Technische Einarbeitung der Mitarbeiter nicht vorhanden	Keine oder mangelhafte Arbeit bis dato mit der Software	Vorabschulung zum Erwerb von Grundkenntnissen der Software	Finanzierung der Schulung Zeitmangel

Abbildung 4 – Problemanalyse (eigene Darstellung)

Hierbei wird deutlich, dass neben der möglicherweise fehlenden Software, vor allem die finanziellen Ressourcen, aber auch der Zeitmangel als Auslöser für die höchstwahrscheinlich auftretenden Probleme in Frage kommt.

Auf der Grundlage der Problemanalyse und der damit möglichen und im Vorfeld zu lösenden Probleme, kann ein weiterer Baustein im Projekt in Angriff genommen werden, die Zieldefinition.

---

[19] Zitat von G. H. Wheatley: Problem solving in school mathematics. Original: „What you do when you don't know what to do".

[20] Vgl. Nausner a.a.O. S. 129.

3.2.4 Zieldefinition

Eine ausgearbeitete Zieldefinition ist der Grundstein erfolgreichen Projektmanagements. Nur wenn Ziele klar und deutlich dargestellt werden, können sie präzise und damit erfolgreich umgesetzt werden.

Ziele sollen hierbei nach dem sogenannten SMART[21]-Prinzip definiert werden, welches wie folgt übersetzt werden kann:

S	Spezifisch	Ziele müssen eindeutig definiert sein
M	Messbar	Ziele müssen messbar sein
A	Akzeptiert	Ziele müssen von den Empfängern akzeptiert werden
R	Realistisch	Ziele müssen in der Umsetzung möglich sein
T	Terminierbar	Zu jedem Ziel gehört eine klare Terminvorgabe

Abbildung 5 - SMART Ziele (eigene Darstellung)

Für das vorliegende Projekt können die Prinzipien spezifiziert werden:

---

[21] **SMART** ist ein Akronym für „**S**pecific **M**easurable **A**ccepted **R**ealistic **T**imely" und dient im Projektmanagement als Kriterium zur eindeutigen Definition von Zielen im Rahmen einer Zielvereinbarung.

S	Spezifisch	Einheitliche Ausstattung mit neuer Software an jedem Arbeitsplatz.
M	Messbar	Überwachung des Ablaufs anhand routinierter Datenprotokolle.
A	Akzeptiert	Da das Arbeiten mit der neuen Software eine Reduzierung des Aufwandes verspricht, ist die Akzeptanz aller Mitarbeiter als gegeben vorausgesetzt.
R	Realistisch	Die Terminierung erfolgt anhand von Analysen ähnlicher Projekte unter der Terminierung des zuständigen IT-Fachpersonals – eine realistische Umsetzung ist gegeben.
T	Terminierbar	Der mit Weisung vorgegebene Startzeitpunkt und die Festlegung auf den Termin des Zielbetriebes (Start + 6 Monate) sind gegeben; das Projekt ist terminierbar.

Abbildung 6 - Projektgebundene SMART-Ziele (eigene Darstellung)

Die dargestellten Ziele sollen unmissverständlich formuliert sein und wenig Interpretationsspielraum lassen, um während des Projektverlaufs nicht zu sehr von den Zielen abzuweichen. Bei der weiteren Betrachtung der Ziele kann man diese u.a. in System- und Vorgehensziele unterscheiden. Erstere definieren die Qualitäten des Produktes, welches entwickelt werden soll (Funktionalität, Leistungsmerkmale, Logistikanforderungen, Berücksichtigung gesetzlicher oder ökologischer Anforderungen).

Vorgehensziele wiederum beschreiben operative Anforderungen an den Projektverlauf (Zeit, Kosten und organisatorische Rahmenbedingungen).[22] Projektziele sollten so formuliert werden, dass nach Abschluss des Projektes der Grad der Zielerreichung festgestellt werden kann.

Dabei muss das Augenmerk darauf gerichtet sein, dass u.a. folgende Teilziele berücksichtigt werden:

- Sachziele - Was soll erreicht werden?

    In diesem Projekt: Betriebsbereitschaft nach Errichtung

---

[22] Vgl. Litke, Hans-Dieter, Projektmanagement, S. 33.

- Leistungsziel - Wie soll es erreicht werden?

In diesem Projekt: mit den zur Verfügung stehenden finanzielle und personellen Mitteln

- Terminziele - Wann soll es erreicht werden?

In diesem Projekt: der Stichtag zur Errichtung wird vorgegeben

- Ressourcenziel - Womit soll es erreicht werden?

In diesem Projekt: vorgegebene personelle Kapazitäten.

Um Missverständnissen vorzubeugen, sollten Ziele vollständig beschrieben, dokumentiert und vom Auftraggeber schriftlich bestätigt werden. Bei technischen Projekten können Projektziele in Form von Anforderungskatalogen (Sichtweise und Wünsche des Auftraggebers) und Pflichtenheften (Detaillierung der Anforderungen und fachliches Grobkonzept des Objektes/Produktes) festgelegt werden[23].

Für die Formulierung von Projektzielen haben sich folgende Regeln bewährt[24]:

- Lösungsneutrale Zielformulierung, um Spielraum für kreative Ansätze zu lassen;

- Realistische Ziele, die fordern, aber nicht demotivieren;

- Festlegen von Zielhierarchien bei Zielen, die miteinander in Konflikt stehen.

Ziele sollten, wie o.g., widerspruchsfrei formuliert sein. Abhängigkeiten von Zielen sind zu bedenken. Im vorliegenden Fall ist man davon ausgegangen, dass die hergestellte Arbeitsfähigkeit zum Stichtag ohne Server- oder Systemausfälle mit dem bereitgestellten Personal als Projektziel eindeutig genug definiert ist.

Im vorliegenden Projekt wurde im Rahmen der Teilzielanalyse, auf Grund mangelnder finanzieller Ressourcen, größerer Wert auf die Kompensation dieser mit personellen Ressourcen gelegt. So wird z.B. eine mögliche Fremdvergabe durch

---

[23] Vgl. Litke, Hans-Dieter, Projektmanagement, S. 38.
[24] Vgl. Schelle, Heinz: ProjektManager (2008), S. 23 ff.

verstärkten Einsatz eigener IT-Spezialisten ausgeglichen. Da diese benötigten Ressourcen im Projektzeitrahmen zur Verfügung standen, wurden hierbei keine unrealistischen Ziele verfolgt, auch weil eine Überführung durch Fremdvergabe in den sogenannten Ziel-Betrieb finanziell nicht zu leisten gewesen wäre und somit als Lösungsmöglichkeit ausschied.

3.3 Die Implementierung des Xxx nprogramms

In den voranstehenden Kapiteln wurde im Rahmen der Umsetzung eines systematischen Projektmanagements erörtert, wie die theoretischen Aspekte bei der Durchführung von Projekten umgesetzt werden können. Demgegenüber soll nun die Darstellung der praktischen Erfahrungen des Verfassers als Mitglied des Projektteams im abgeschlossenen Projekt „Einführung eines Xxx nprogramms" erfolgen.

In die Problemlösungen sind u.a. Lernergebnisse aus dem Studium eingeflossen. Aufgrund mangelnder Komplexität des Projektes konzentriert sich der Verfasser vorrangig auf die Nachbereitung des Projektes und der damit verbundenen Betrachtung aus den Blickwinkeln verschiedener Themengebiete des MPA-Studienganges.

3.3.1 Projektstruktur

Das Projekt „Einführung eines Xxx nprogramms" wurde entsprechend der o.g. Weisung initiiert und genehmigt. Im Rahmen der Erstellung des Projektplans zeigte sich deutlich, dass das Projekt für eine Durchführung im vorgegebenen Zeitrahmen mehr als realistisch war.

3.3.2 Projektmanagement

Ein dem Vorhaben angemessenes Projektmanagement war Voraussetzung für eine erfolgreiche Softwareeinführung. Die Auftraggeber, in diesem Fall der Präsident des XXX Xxx und das Projektteam, haben hierzu gemeinsam Standards zum Projektmanagement entwickelt.

Diese sind:

- Ziele und Prioritäten

- Erwartungshaltungen bezüglich des Nutzens und der Vorgehensweise

- Maßnahmen zur Beteiligung aller Betroffenen

- Festlegung der Projektorganisation (Team, Projektleitung, Zeitrahmen, Budget)

- Speziell für die softwarerelevanten Fragen war die Klärungen folgender Aspekte notwendig:

  - Anforderungen und Funktionen

  - Organisatorische Optimierungen

  - Nutzerprofile und Berechtigungen.

Im Anschluss daran wurden folgende Punkte mit dem Softwarelieferanten[25] vereinbart:

---

[25] In diesem Fall die Bereitstellung des MS-Office Paketes auf allen dienstlichen Rechnern.

- Lizensierung / zugesicherte Funktionalitäten

- spezielle Voraussetzungen (z. B. Datenbanklizenzen)

- Bedingungen und Verfahren für zukünftige Updates[26]

- Umgang mit individuellen Anpassungen

- Einführung und Support (Installation, Customizing, Schulung, Hotline)

- Vertraulichkeit der Daten.

Nachdem die o.g. Punkte vereinbart wurden, konnte mit der Entwicklung einer Einführungsstrategie begonnen werden.

3.3.3 Einführungsstrategie

Zunächst wurde bei der Einführung ein sogenannter Komplettumstieg in einem Schritt in der Zielsetzung präferiert. Dieser birgt jedoch Nachteile, denn die Fokussierung auf einen Umstellungstermin erhöht das Planungsrisiko. Zudem entsteht ein höherer Arbeitsaufwand, bevor die ersten Nutzeneffekte eingefahren werden können.

Eine schrittweise Einführung verläuft erfahrungsgemäß kontrollierbarer, reduziert den Stressfaktor bei den Projektverantwortlichen und erlaubt, bezogen auf die Zeitachse, schnelleren Nutzen. Da es sich im vorliegenden Fall um die Arbeit im Parallelbetrieb handelte, welche zum Stichtag allen Beschäftigten bereit gestellt werden sollte und mit dem großzügig bemessenen zeitlichen Vorlauf ein gewisser Druck von den Projektmitgliedern genommen wurde, hat sich das Team auf einen Komplettumstieg verständigt. Die Einführung einer Software birgt immer Risiken verschiedenster Art.

Hier konnte unterteilt werden in:

- Technologie- und Sicherheitsrisiken

---

[26] Hier stellt sich derzeit das Problem des Updates von Office 2007 auf Office 2010 ein.

- Usability (Bedienungskomfort) bzw. Performance (Antwortzeitverhalten) der Software und

- Akzeptanzrisiken (z. B. aufgrund nicht erfüllter Anforderungen oder der Vorgehensweise).

Hierzu wurde zu Projektbeginn eine Risikocheckliste zusammengestellt, welche während des Projektverlaufs regelmäßig aktualisiert wurde. Gleichzeitig wurde im Vorfeld die Einführung des Xxx nprogramms der übergeordneten rechtlichen Instanz[27] als Referenzmodel für die Planung zu Grunde gelegt. Die darin enthaltenen Risiken wurden vorab besprochen und traten während der eigenen Implementierung nicht auf.[28]

3.3.4 Key-User-Prinzip

Den Anwendern, welche im Einsatz der Software eine fachliche Schlüsselrolle spielen, wurde eine zentrale Rolle im Projekt zuteil. Ihre Aufgabe war es, die Abdeckung der fachlichen Anforderungen sicherzustellen, sowie Wegbereiter und Multiplikator für die Akzeptanz der neuen Software zu sein. Hierbei musste beachtet werden, dass der vorausgesetzte Automatismus, dass diese Mitarbeiter auch die übrigen Anwender schulen, nicht als gegeben angesehen werden konnte; da nicht jedem die Rolle des Multiplikators liegt. Die fachliche Expertise ging hier glücklicherweise einher mit der Rolle des geschulten Multiplikators.[29]

---

[27] Das Xxx nprogramm des Bundesverwaltungsgerichts wurde bereits im Jahr 2006 implementiert und diente als Vorlage.

[28] Das Projekthandbuch dieser Einführung unterliegt dem Datenschutz und darf nicht bereitgestellt werden.

[29] Beide Projektmitglieder halten regelmäßig Schulungen für das Xxx npersonal der XXX ab.

3.3.5 Datenmigration

Die Übertragung von Daten aus Altsystemen in die neue Software ist meist eine komplexe Aufgabe. In den seltensten Fällen reduziert sie sich auf eine einfache Bereitstellung (Datenexport) und Verarbeitung (Datenimport). Eine erfolgreiche maschinelle Datenmigration birgt die Vorteile der Einsparung manueller Erfassungstätigkeiten, sowie dem Erhalt und Nutzbarkeit bereits vorhandener Daten. Gleichzeitig gelten hier Akzeptanzvorteile seitens der Mitarbeiter für die neue Software. Alternativ bringt eine manuelle Nacherfassung Vorteile eines hohen Trainingseffekts und einer möglichen Datenqualitätsoptimierung mit sich. Im vorliegenden Fall wurde eine Vermischung aus beiden Lösungen angestrebt, da ein Großteil der Daten zwar elektronisch aufbereitet werden kann, zur Rechtssicherheit aber die Akten in Papierform vorliegen müssen. Somit fand das Projektteam sehr gute Voraussetzung vor, welche sich aus der Mischung der Dateneingabe manueller Art und der elektronischen Migration vorhandener Daten ergab.

3.3.6 Offene-Punkte-Liste

Im Verlauf der Softwareeinführung entstanden Detailprobleme, welche einer weiteren Bearbeitung bedurften, dazu gehörten z. B.

- Softwarefehler, die Korrekturen zur Folge hatten[30],

- neue Anforderungen, die zu bewerten sind und

- Verbesserungsideen, die in zukünftige Softwarereleases integriert werden können.

Man entschied sich, eine entsprechende Offene-Punkte-Liste (OPL) zu führen, in welcher auch der jeweilige Bearbeitungsstatus dokumentiert werden konnte.

---

[30] Während der Projektphase wurde seitens des Softwarebereitstellers von Office 2000 auf Office 2007 umgestellt, was zur Folge hatte, dass diverse Makros im Programm neu geschrieben werden mussten.

Nr.	Datum	Typ	Modul	Text	Status	Status-datum
7	15.05.2012	Fehler	Pivot-Tabelle	Eingabefelder nicht ausreichend für vollständige Erfassung	Offen	
8	31.05.2012	Customizing	Adressliste	Abgleich Tabelle der Standorte mit Xxx nprogramm	Beauftragt	
9	21.06.2012	Idee	Jeder Geschäfts-vorfall	Eintragung zuständiger Wehrdisziplinaranwalt	Offen	
10	27.06.2012	Wunsch	Kalender-funktion	Datumseingabe über Kalenderfunktion	Erledigt	04.07.12

Abbildung 7 - Auszug aus der OPL zur Implementierung des Xxx nprogramms

(eigene Darstellung)

Eine Excel-Liste, wie hier in Abbildung 7, bietet über Auto-Filter und Pivot-Tabellen gleichzeitig gute Selektions- und Auswertungsmöglichkeiten über offene Punkte.

3.3.7 Verwaltungseigene Dokumentation

Im Zuge der Einführung der Software entstanden eine Reihe von individuellen Regeln und Dienstvereinbarungen. Diese wurden schriftlich festgehalten und den betroffenen Mitarbeitern als pdf-Datei im Intranet zugänglich gemacht. Diese Dokumentation diente im Softwareeinsatz auch als Nachschlagewerk und der Einweisung neuer Mitarbeiter, da hier Handlungsleitfäden und Musterbeispiele hinterlegt wurden. Die im Projekt gesammelten Erfahrungen sollen künftig auch für vergleichbare Aufgabenstellungen wertvollen Nutzen bieten.

3.3.8 Abschluss des Projektes

„Eine sorgfältige Prüfung eines abgeschlossenen Vorhabens und ein zielgerechter Abschluss sind für ein Projekt von großer Bedeutung."[31]

Aufbauend auf diesen Erkenntnissen wurden mit Abschluss der Implementierung und damit des Projektes die nachstehenden Ziele verfolgt:

-   Information aller am Projekt beteiligten Stellen über das Ende des Projektes[32],

-   Gegenüberstellung von Projektzielen und -ergebnissen,

-   Auflösung des Projektteams nach der Projektabschlusssitzung sowie die

-   Erfahrungssicherung.

Im angefertigten Abschlussbericht[33] findet eine letzte Projektauswertung statt. Hier werden die geplanten und die tatsächlichen Termine und Aufwände gegenübergestellt, der Projektverlauf wird kurz analysiert und die Projektergebnisse werden mit den Zielvorgaben verglichen. Darüber hinaus soll mit zeitlicher Verzögerung von einem Jahr, also zum 4. Quartal 2013 eine Projektrevision durchgeführt werden, in welcher die bisher gesammelten Daten und Arbeitsschritte mittels einer Umfrage durch das bisherige Projektteam evaluiert werden sollen.

Zur Sicherung der gewonnenen Daten aus dem Projekt erfolgte eine schriftliche Ausarbeitung der Grunddaten des Abschlussberichtes in die Informations- und Projektdatenbank sowie eine frei zugängliche Übersicht der Daten im Intranet der Bundeswehr, damit weitere Projektteams, mit ähnlicher Struktur, mit den Daten arbeiten können. Gleichzeitig wurde die Implementierung auch außerhalb der Bundeswehrverwaltung publik gemacht, vor allem vor dem Hintergrund, dass die Möglichkeit bestehen soll, sich in absehbarer Zeit mit anderen Gerichten elektronisch austauschen zu können.

---

[31] Vgl. Schelle, S.281.

[32] Die Mitteilung erfolgte unter Nutzung aller medialen Kanäle, angefangen vom persönlichen Abschlussbericht an den Präsidenten bis hin zur Bekanntmachung im Intranet mittels Newsticker.

[33] siehe Anlage 1.

Aus Sicht des Verfassers ist es allerdings eher unwahrscheinlich, dass sich andere Gerichtsbarkeiten dem System Accessdatenbank annehmen, sondern eher Software von anderen Firmen für die Implementierung Ihrer Xxx nprogramme nutzen werden. Dies gründet allein schon in der Beobachtung, dass in den befragten fünf Gerichten in verschiedenen Bundesländern drei verschiedene Systeme geprüft werden.

Im Rahmen des Projektmanagements wurden grundsätzliche Rahmenbedingungen einer Projektdurchführung, wie die Art der Zusammenarbeit, Akzeptanzprobleme seitens der Mitarbeiter, Konfliktpotenziale, mögliche Führungsfehler oder der Umgang mit Veränderungen nicht thematisiert. Ursache war hierfür sicher die vorausgesetzte Akzeptanz der Umstellung seitens der Mitarbeiter, sowie der hohe Sach- und Fachverstand der durchführenden Projektmitarbeiter. Daneben arbeiten die Projektmitglieder seit Jahren eng zusammen, wenn es um die elektronische Leistungssteigerung der Xxx der Bundeswehr geht. Somit mussten solche Soft Skills nicht näher betrachtet werden, da keine Probleme in diesem Bereich zu erwarten waren; diese schieden von vornherein in der Projektplanung aus.

4. Einfluss des MPA-Studiums

Ausgehend von den erworbenen Kenntnissen aus den Kursen Personalmarketing und –management und Innovationen in der Verwaltung des MPA-Studiengangs soll im Nachgang zu dem beschriebenen Projekt eine kurze Darstellung aus den Blickwinkeln einzelner Kurse auf das Projekt erfolgen.

4.1 Blickwinkel: Verwaltungsinnovation

4.1.1 Fallbetrachtung

Im Jahr 2012 wurde seitens der XXX 'e das elektronische Xxx nprogramm eingeführt, eine Software auf Grundlage einer Access-Datenbank zur Bearbeitung von gerichtlichen Vorgängen. Zur Einführung der Software wurde im Intranet Auftritt der Xxx bekannt gegeben:

Das neue System soll eine schnellere und wirtschaftlichere Arbeitsweise garantieren, mit weniger Papier und geringerem Arbeitsaufwand. [...] Aufgrund der Eigenschaften und Vorteile der neuen Software kommt man insgesamt zu einer beschleunigten Bearbeitung von gerichtlichen Angelegenheiten, reduziert zudem den Papier- und Verwaltungsaufwand. [...] Hierdurch sollen die Durchlaufzeiten wesentlich verringert werden und die Kommunikation mit den Außenstellen der Gerichtsbarkeit beschleunigt werden."

Seit nunmehr 1 ½ Jahren arbeitet das XXX mit der neuen Software. Im gerichtlichen Arbeitsalltag hat das Programm sowohl positive als auch hemmende Eigenschaften gezeigt. Mit dem System muss nun für jeden Vorgang neuerdings ein Kurzsachverhalt (Leitbild, Schlagworte) für die Datenbank erfasst werden, welcher sich im Nachgang bei der Schlagwortsuche jedoch als nützlich erweist, um Suchabfragen zeitlich zu verkürzen. Die vorhandenen Unterlagen können elektronisch zwar umgehend an das zuständige Amtsgericht weitergeleitet werden, jedoch verfügt nicht jede Außenstelle über die passende Software, um mit dem betriebsinternen Programm zu kommunizieren.

Daneben ist es erforderlich, dass die jeweilige Akte in Papierform des gerichtlichen Disziplinarverfahrens ebenfalls versandt werden muss, da nur diese bei den Gerichten zur weiteren Bearbeitung als Unterlage anerkannt wird.

Eine Steigerung der Effektivität ist sowohl für die Xxx , als auch für die Gerichte außerhalb des Xxx bereiches noch nicht gegeben. Durch die hohen Kosten der Erstellung und der Bereitstellung des Systems, der Schulungskosten für die Anwender und des nicht verhinderten hohen Gebrauchs von Papier, da die Akte immer noch versandt werden muss, ist noch keine Effizienzsteigerung erkennbar. Sollte das Programm technisch in einem ausgereifteren Zustand in Umlauf gebracht werden, ist durchaus eine Effizienzsteigerung anzunehmen.

4.1.2 Die Begrifflichkeiten Effektivität und Effizienz

Effektivität ist der Grad der Zielerreichung, d.h. das Ausmaß, in dem die Leistungen der Verwaltung (Output) die beabsichtigten Wirkungen (Outcome) erreichen. Es geht also um die Frage, ob wir die richtigen Dinge tun. Die Definition nach ISO 9000:2000 lautet: "Ausmaß, in dem geplante Tätigkeiten verwirklicht und geplante Ergebnisse erreicht werden."[34]

Effizienz ist das Verhältnis Input zu Output oder Leistung zu Kosten. Damit entspricht die Effizienz in vielen Fällen der Wirtschaftlichkeit. Es geht also um die Frage: "Tun wir die Dinge richtig?" Die Definition nach ISO 9000:2000 lautet: "Verhältnis zwischen dem erreichten Ergebnis und den eingesetzten Ressourcen".[35]

Effektivität und Effizienz können, müssen aber nicht zwangsläufig gemeinsam vorliegen, was am Projekt zur Implementierung des Xxx nprogramms verdeutlicht werden soll.

4.2 Blickwinkel: Verwaltungsmarketing

Im Rahmen der Kurse im MPA-Studium wurde im Bereich Verwaltungsmarketing die sog. SWOT-Analyse besprochen, welche im Vorfeld der Einführung des Xxx nprogramms praktische Anwendung fand und hier fallbezogen näher dargestellt werden soll.

Da themenbezogene Inhalte zwar dem technisch versiertem Personal vorgestellt wurde, diese aber kaum Erfahrung auf dem Gebiet des Verwaltungsmarketings hatten, stellte der Verfassers im Vorfeld diverse Vorüberlegungen an, wie das Projekt der Einführung des Xxx nprogramms beispielsweise einer Chancen-Risiken-Analyse unterworfen und wie diese praxisnah den Beteiligten näher gebracht werden kann.

Wesentliche Voraussetzung für eine erfolgreiche Marketingstrategie sind fundierte Kenntnisse über die Stärken und Schwächen der Behörde. Zudem sollten die

---

[34] Vgl. EN ISO 9000:2000; Kz 3.2.14, 3.2.15.
[35] Vgl. EN ISO 9000:2000; Kz 3.2.14, 3.2.15.

Kernkompetenzen bzw. der Kernauftrag einer Organisation bekannt sein.[36] Das Kapital für zukünftige Erfolge sind die eigenen Stärken. Das Erkennen der eigenen Schwächen ist gleichermaßen wichtig, auch um diese zu umgehen. Es genügt jedoch nicht, die Stärken und Schwächen der Behörde zu kennen, sondern man muss auch die Chancen und Risiken des Marktes sowie der Umwelt kennen und nutzen bzw. meiden. Die nachfolgende Darstellung zeigt beispielhaft welche Faktoren in der Analyse betrachtet werden.

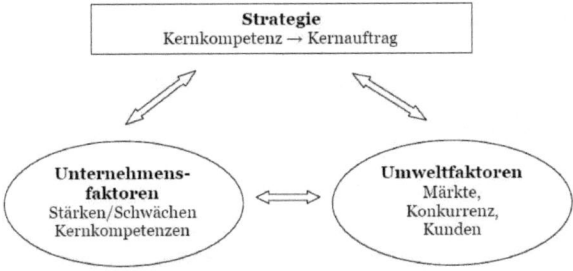

Abbildung 8 - Zusammenhang von Strategie, Unternehmens- und Umweltfaktoren[37]

4.2.1 SWOT-Analyse

Die SWOT-Analyse-Matrix führt im letzten Arbeitsgang die Stärken-Schwächen-Analyse und Chancen-Risiken-Analyse zusammen. Dabei wird versucht, den Nutzen aus Stärken und Chancen zu maximieren und die Verluste aus Schwächen und Gefahren zu minimieren. Diese Gesamtstrategie ergibt sich aus den vier Teilstrategien[38], welche in der Abbildung 10 dargestellt werden. Hierzu wird eine Vierfeldermatrix verwendet. Dabei wird gezielt nach folgenden Kombinationen gesucht:

---

[36] Vgl.: A. von der Gathen, H. Simon, S. 57.

[37] Darstellung nach A. von der Gathen, H. Simon.

[38] SO, ST, WO, WT.

1. Stärke-Chancen-Kombination (SO):

Welche Stärken passen zu welchen Chancen? Wie können Stärken genutzt werden, so dass sich die Chancenrealisierung erhöht?

2. Stärke-Risiko-Kombination (ST):

Welche Gefahren können mit welchen Stärken begegnet werden? Wie können vorhandene Stärken eingesetzt werden, um den Eintritt bestimmter Gefahren abzuwenden?

3. Schwäche-Chancen-Kombination (WO):

Wo können aus Schwächen Chancen entstehen? Wie können sich Schwächen zu Stärken entwickelt werden?

4. Schwäche-Risiko-Kombination (WT):

Wo befinden sich die Schwächen und wie kann sich die Organisation vor Schäden schützen?

Umweltfaktoren / Unternehmensfaktoren	Opportunities (Chancen) 1. 2. ...	Threads (Risiken) 1. 2. ...
Strenghts (Stärken) 1. 2. ...	SO-Strategien z.B. Expansion	ST-Strategien z.B. Kooperationen
Weaknesses (Schwächen) 1. 2. ...	WO-Strategien z.B. Vertriebseinheiten im Ausland	WT-Strategien z.B. Schließungen, Outsourcing

Abbildung 9 - SWOT-Analyse-Matrix[39]

---

[39] Vgl.: Darstellung nach A. von der Gathen, H. Simon.

Aufgrund der ermittelten Kombinationen müssen passende Strategien entwickelt und aufeinander abgestimmt werden. Hierbei handelt es sich um den anspruchsvollsten Teil des Vorgehens.

4.2.2 Definition

Um die momentane und zukünftige Lage einer Behörde einschätzen zu können, muss eine Situationsanalyse durchgeführt werden. Dabei müssen sowohl die internen Behördenfaktoren, als auch die externen Umweltfaktoren betrachtet werden. Die SWOT-Analyse[40] ist ein Instrument der strategischen Planung, welche der Positionsbestimmung und der Strategieentwicklung von Organisationen dient.

Der Grundgedanke dieser Methode ist das Anfertigen einer Stärken-Schwächen-Analyse, sowie einer Chancen-Risiken-Analyse, welche dann miteinander verglichen werden. Die SWOT-Analyse soll ermitteln, ob die gegenwärtige Strategie einer Organisation, sowie dessen Stärken und Schwächen geeignet und ausreichend sind, um auf Wandlungen der externen Umweltfaktoren reagieren zu können.

Das Ziel der SWOT-Analyse ist demnach eine begründete Basis für die Ableitung von Strategien zu schaffen[41].

4.2.3 Organisationsanalyse

Nachfolgend soll die Organisationsanalyse dargestellt werden. Hierzu werden Stärken und Schwächen der Organisation betrachtet. Die Stärken und Schwächen beziehen sich auf die Organisation selber; sie ergeben sich aus der Selbstbeobachtung. Hierzu zählen Fähigkeiten und Ressourcen, welche aus der Organisation kommen und die Organisation kontrollieren bzw. beeinflussen können.[42] Im ersten Schritt einer Stärken-Schwächen-Analyse müssen die zu beurteilenden Kriterien festgelegt werden. Da der Kriterienkatalog nicht zu lang

---

[40] engl. Akronym für **S**trength(Stärken), **W**eaknesses (Schwächen), **O**pportunities (Chancen) und **T**hreats (Bedrohungen).

[41] Vgl. A. von der Gathen, H. Simon, S. 57.

[42] z.B. Finanzsituation, Standort, Personal, Firmenkultur, Motivation.

werden durfte, aber andererseits keine wesentlichen Kriterien vergessen werden sollten, gestaltet sich dies als schwierig.

Bei der Analyse können verschiedene Bereiche der Organisation untersucht werden, wobei man erfasst, welche Stärken oder Schwächen vorhanden sind.[43] Bedeutend hierbei ist, dass die identifizierten Stärken und Schwächen erst durch den Vergleich mit Wettbewerbern eine Bedeutung oder einen Aussagewert gewinnen.[44] Für diesen Konkurrenzvergleich werden neben objektiven Daten, wie den finanziellen oder technischen Fakten, auch subjektive Überlegungen zur Bewertung verwendet. Dies können Marktstudien oder Imageanalysen sein. Bei der Bewertung kann ein Kriterienkatalog in Form einer Checkliste oder eine graphische Darstellung genutzt werden.[45]

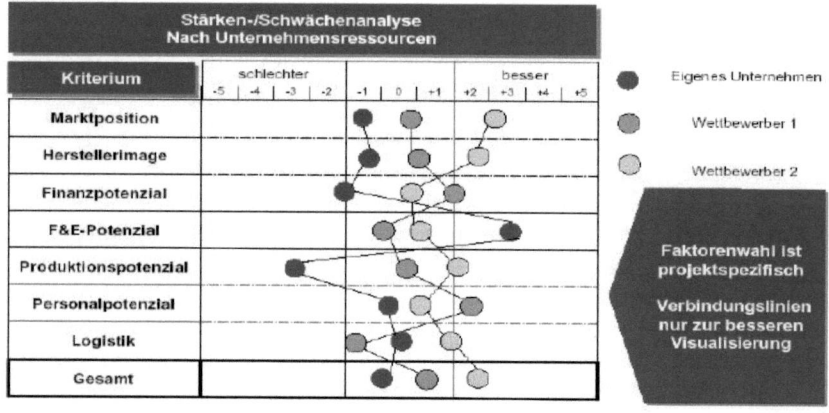

Abbildung 10 - Vergleich der eigenen Unternehmenssituation mit denen wichtiger Wettbewerber[46]

Im vorliegenden Fall wurden für die Einführung des Xxx nprogramms die Stärken und Schwächen jeweils in personeller, technischer und finanzieller Hinsicht in die Überlegungen eingebracht, die Matrix wird am Ende der Analyse kurz skizziert.

---

[43] Vgl.: A. von der Gathen, H. Simon, S. 67
[44] Vgl.: Steiniger, H., Die SWOT Analyse S. 2 ff.
[45] siehe Abbildung 10.
[46] Quelle: Dr. Schröter, Vortragsfolie 4 Kurs Strategisches Management, 2011.

4.2.4 Umweltanalyse

In der externen Analyse wird die Umwelt der Behörde untersucht, man spricht auch von der Umweltanalyse. Die Chancen und Gefahren kommen von außen und ergeben sich aus Veränderungen im Markt, in der technologischen, sozialen oder ökologischen Umwelt. Die Umweltbedingungen sind für die Behörde vorgegeben, die hier wirkenden Kräfte sind weitgehend exogen. Die Umweltveränderungen, welche der Organisation positiv zu Gute kommen, werden als Chancen, diejenigen, welche der Organisation schaden können, als Risiken bezeichnet.[47] Zur besseren Übersichtlichkeit sollten die ermittelten Chancen und Risiken in eine Reihenfolge je nach Eintrittswahrscheinlichkeit und Bedeutsamkeit der Auswirkungen, gebracht werden. Die Organisation beobachtet oder antizipiert diese Veränderungen und reagiert darauf mit Strategieanpassung.[48] Auch hier wurden in praktischer Anwendung die behördeninternen Möglichkeiten, sowie die Anbindung an andere Gerichte als Chance gesehen. Die Risiken lagen hier eher im personellen und Evaluationsbereich. Dazu mehr in der Matrix am Ende der Betrachtung.

4.2.5 Anwendungsbeispiel

In abgewandelter Form wurde die Matrix für die Einführung des Xxx nprogramms skizziert, um allen Beteiligten einen Überblick verschaffen zu können, welche Risiken mit der Einführung verbunden sind und wo die Stärken der Behörde liegen, um eine begründete Ausgangslage für die tatsächliche Umsetzung zu schaffen.

Da es sich bei der Einführung um ein finanziell leicht kalkulierbares Projekt handelte, konnten die Risiken, welche finanzieller Natur gewesen wären, nahezu ausgeschlossen werden. Die erstellte Studie zeigte Ansatzpunkte und strategische Handlungsempfehlungen für die Einführung auf und kann als Ausgangspunkt für die interne Verteilung oder eine mögliche Kooperation mit anderen Gerichten dienen.

---

[47] Vgl.: Klempien, D., Stärken-Schwächen-Analyse.

[48] http://de.wikipedia.org/wiki/Swot_analyse (Stand: 07.02.2013, Abruf am: 08.02.2013).

Stärken	Schwächen
- Fachlich geschultes IT Personal - Multiplikatoren vorhanden - Kein Einsatz von Fremdpersonal nötig - Keine finanziellen Aufwendungen nötig - Einsatzbereitschaft der Projektmitglieder	- Fachlich ungeschulte Mitarbeiter - Einarbeitung während laufender Arbeitszeit - Dienstreisen nötig zur Abstimmung - Projektbegleitung impliziert keine Sonderrechte (Urlaub etc.)
Chancen	**Risiken**
- Beschleunigung der Arbeitsprozesse - Konzentrierung aller Daten in einem System - Anbindung an andere Gerichtssystem und Austausch möglich - Datenmigration und Wissensspeicher für die Zukunft	- Einarbeitung und Schulung auf Grund dislozierter Standorte schwer möglich - Datenverlust bei möglicher Softwareumstellung

Abbildung 11 - SWOT-Matrix zur Einführung Xxx nprogramm (eigene Darstellung)

4.2.6 Schlussbetrachtung

Jede Behörde besitzt individuelle Stärken und Schwächen, sowie Chancen und Risiken. Die Situation der eigenen Behörde richtig einschätzen zu können, ist zur Entwicklung einer geeigneten Strategie entscheidend.

Nachteile der SWOT-Analyse

Die Durchführung der SWOT-Analyse ist nicht ganz unproblematisch, was manche Behörden vom Einsatz dieses Instruments abhalten könnte. In der Praxis erweist sich die Informationsbeschaffung über Konkurrenten oder künftige Umweltentwicklungen oftmals als schwierig. Nachteilig ist zudem, dass die SWOT-Analyse bei der Auswahl der Einflussgrößen keine Hilfestellung leistet. Abhängigkeiten und Wechselwirkungen zwischen den einzelnen Einflussgrößen können kaum berücksichtigt werden. Dies hat zur Folge, dass es ggf. zu Widersprüchen kommen kann.

Vorteile der SWOT-Analyse

Der Nutzen einer SWOT-Analyse liegt vor allem darin, dass die Behördenleitung ein Instrument zur Selbsteinschätzung in übersichtlicher Darstellungsweise an die Hand bekommt. Die wichtigsten Einflussgrößen werden dabei in ihrer Komplexität stark reduziert und können verständlich dargestellt werden. Zusammenfassend ließ sich feststellen, dass die SWOT-Analyse zur Lagebeurteilung einer Organisation gut geeignet ist, da sie eine detaillierte, organisationsbezogene Situationsdarstellung liefert. Hier war sie der Ausgangspunkt für die Entscheidung, ob überhaupt ein neues Xxx nprogramm eingeführt wird.

5. Fazit

Die Fortführung der Leitideen des New Public Management zwingen den öffentlichen Dienst geradewegs zu tiefgreifenden Veränderungen, welche Chance und Herausforderung zugleich darstellen. Im Rahmen des MPA-Studiengangs konnte der Verfasser seine erworbenen Kenntnisse erweitern, vertiefen und vor allem praktisch anwenden. Durch die Vermittlung der Studieninhalte erhöhen sich in den Augen des Verfassers die Chancen anstehende oder bereits bestehende Reformprozesse, gleich in welchem Verwaltungsbereich, gewinnbringend für alle Beteiligten mitgestalten, Veränderungen anstoßen und/oder fachgerecht begleiten zu können.

Im vorliegenden Praxisbericht wurde aufgezeigt, wie der Verfasser das im Rahmen des MPA-Studiengangs erworbene Wissen in den Arbeitsalltag integrieren konnte. Der gewonnene Überblick über den aktuellen Wissensstand auf dem Gebiet des öffentlichen Managements, erworbene Fähigkeiten zur effektiven und effizienten Gestaltung von Prozessen sowie erlangte Einsichten in notwendige

Verwaltungsmarketingaspekte unterstützen bei der Formulierung und Anpassung von Zielen, Abläufen und Arbeitsmethoden im beruflichen Alltag.

Dabei wurde deutlich, welchen Wert ein MPA-Studium für diejenigen Beschäftigten haben kann, welche die anstehenden Veränderungen in der öffentlichen Verwaltung mittragen und voran bringen wollen. Hierbei scheint allen Beteiligten klar zu sein, dass die angestrebten und zu begleitenden Reformprozesse aufgrund der komplexen Probleme ohne gut ausgebildete und motivierte Mitarbeiter nicht zu realisieren sind.

Hierbei kann und muss der MPA-Studiengang einen wertvollen Beitrag leisten.

Quellenverzeichnis

<u>Bücher:</u>

DIN 69901-1:2009-01

Titel (deutsch): Projektmanagement- Projektmanagementsysteme- Teil 1: Grundlagen.

Ausgabedatum 01-2009

EN ISO 9000:2000

Titel (deutsch): Qualitätsmanagementsysteme - Grundlagen und Begriffe (ISO 9000:2005)

Ausgabedatum 12-2005

Lessel, Wolfgang

Projektmanagement – Projekte effizient planen und erfolgreich umsetzen.

Cornelsen Verlag Scriptor, Berlin, 2009.

Klempien, Dana

Stärken-Schwächen-Analyse. In: controlling-portal.de

http://www.controllingportal.de/Fachinfo/Grundlagen/Staerken-Schwaechen-Analyse.html,

[Stand: Stand: 28.01.2009, Abruf am: 02.11.2012]

Lessel, Wolfgang

Projektmanagement: Projekte effizient planen und erfolgreich umsetzen

Bibliographisches Institut, Mannheim; Auflage: 4. Auflage. (1. Februar 2012)

Litke, Hans-Dieter

Projektmanagement: Methoden, Techniken Verhaltensweisen. Evolutionäres
Projektmanagement

5. Auflage, Carl Hanser Verlag GmbH & CO. KG; (5. Juli 2007)

Nausner, Peter

Projektmanagement

1. Auflage (1. September 2006), Utb-Verlag, Wien

Schelle, Heinz

ProjektManager

GPM Deutsche Gesellschaft für Projektmanagement; Auflage: 3., Aufl. (2008)

Steiniger, Henny

Die SWOT-Analyse. Strengths – Weaknesses – Opportunities –Threats.

Abruf unter: http://www.edditrex.de/scripts/consulting/swot_analyse.pdf

[Stand: 2003, Abruf am 20.11.2012]

Simon, Hermann; von der Gathen, Andreas

Das große Handbuch der Strategieinstrumente.

1. Auflage, Campus Verlag GmbH, Frankfurt a.M., 2002

G. H. Wheatley:

Problem solving in school mathematics.

MEPS Technical Report 84.01, West Lafayette, Indiana, Purdue University,

School of Mathematics and Science Center, 1984

Internetquellen:

http://www.bundeswehr.org/portal/a/bworg/!ut/p/c4/04_SB8K8xLLM9MSSzPy8xBz9C
P3I5 EyrpHK9pPL8onQ9IE5KLUrNTM5I1S_IdIQEAA7IE4A!/

[Stand: 05.02.2013, Abruf am: 08.02..2013]

Herkules Rahmenvertrag

http://www.bundeswehr.de/portal/a/bwde/!ut/p/c4/NYzBCsIwEET_KLGlit4qIgii6MXW
W5pu26XJpmy3zcWPNxWcgWHgwdNvnUpmxtYIBjJOF7q0eKiiqmINagaOxslErQqD
oEfg9COyjLYzjTi0XQ8oCqkJ7H-SUcB2hL1-
LflksYFAIhUgwbQtGwmshsDiFjlxJ6Kw1uUqOx2z3eqf7LN9FPn1udmvL7fzXQ_e51_
UhF12/.

[Stand: 14.08.2012, Abruf am: 30.11.2012].

http://de.wikipedia.org/wiki/Swot_analyse

[Stand: 25.01.2013, Abruf am 29.01.2013]

Anlage 1 – Abschlussbericht Projekt

„Implementierung eines Xxx nprogramms"

PROJEKTABSCHLUSSBERICHT

Implementierung eines Geschäftsstellenprogramms

Projektnummer:	1423/02/2012
Projektleiter/in:	XXX
Aktuelles Datum:	27.09.2012

Inhaltsübersicht

Auftrag

Ausgangssituation

„[...] Das neue System soll eine schnellere und wirtschaftlichere Arbeitsweise garantieren, mit weniger Papier und geringerem Arbeitsaufwand. [...] Aufgrund der Eigenschaften und Vorteile der neuen Software kommt man insgesamt zu einer beschleunigten Bearbeitung von gerichtlichen Angelegenheiten, reduziert zudem den Papier- und Verwaltungsaufwand. [...] Hierdurch sollen die Durchlaufzeiten wesentlich verringert werden und die Kommunikation mit den Außenstellen der Gerichtsbarkeit beschleunigt werden. [...]"

Projektziele

Die organisationsübergreifend vorhandenen Informationen zu jeder Zeit an jedem Ort in derselben Qualität in einem einheitlichen IT-Programm verfügbar zu machen.

Vorgehensweise: Situationsanalyse

Problemanalyse

Zieldefinition

Projektorganisation

Auftraggeber: XXX – vertreten durch Präsident XXX,

Lenkungsausschuss: Präsident XXX, XXX

Projektleiter: XXX

Projektmitarbeiter: XXX

XXX

externe Beteiligte: keine

Evaluierung

Projektverlauf

Das Projekt ist zeit- und finanztechnisch im vorgegeben Rahmen abgeschlossen worden.

Schwierigkeiten traten nicht auf, die Rahmenbedingungen wurden als nahezu ideal beschrieben.

Die arbeitstägliche Belastung der Projektmitarbeiter neben dem laufenden Projekt führte zu zeitliche hinnehmbaren Verzögerungen im Projektablauf.

Die Erfahrungswerte aus der Einführung des Geschäftsstellenprogramms bei den Wehrdienstsenaten wurden als Grundlage für die eigene Projektarbeit genommen.

Zielerreichung

Die Projektziele wurden vollständig erreicht:

1) Zeitgerechte Implementierung erfolgte bereits in der 36. KW 2012
2) Schulung der Multiplikatoren erfolgte parallel zur Inbetriebnahme der Software und wurde mit Anschlussschulungen in der 37. KW abgeschlossen
3) Der Parallelbetrieb zwischen elektronischer Datenaufnahme und „händischer" Karteiführung wurde mit Abschluss des Projektes auf Grund erfolgreicher Datenübernahme aller vorhandener Daten ins Geschäftsstellenprogramm eingestellt.

Das Projekt war in der Summe erfolgreich.

Ergebnisse

Mit der Implementierung des Geschäftsstellenprogramm erfolgte die Ablösung der händisch geführten Karteien in Papierformat und die Möglichkeit, mittels sicherer Datenverbindung, mit anderen Geschäftsstellen, auch außerhalb der Rechtspflege der Bundeswehr, Daten und Vorgänge sicher auszutauschen, soweit diese an das System angebunden sind

Ausblick

Mit dem System muss nun für jeden Vorgang neuerdings ein Kurzsachverhalt (Leitbild, Schlagworte) für die Datenbank erfasst werden, welcher sich im Nachgang bei der Schlagwortsuche jedoch als nützlich erweist, um Suchabfragen zeitlich zu verkürzen.

Die vorhandenen Unterlagen können elektronisch zwar umgehend an das zuständige Amtsgericht weitergeleitet werden, jedoch verfügt nicht jede Außenstelle über die passende Software, um mit dem betriebsinternen Programm zu kommunizieren.

Daneben ist es erforderlich, dass die jeweilige Originalakte des gerichtlichen Disziplinarverfahrens ebenfalls versandt werden muss, da nur diese bei den Gerichten zur weiteren Bearbeitung als Unterlage anerkannt wird.

Eine Steigerung der Effektivität ist sowohl für die Geschäftsstelle, als auch für die Gerichte außerhalb des Rechtspflegebereiches noch nicht gegeben.

Durch die hohen Kosten der Erstellung und der Bereitstellung des Systems, der Schulungskosten für die Anwender und des nicht verhinderten hohen Gebrauchs von Papier, da die Akte immer noch versandt werden muss, ist noch keine Effizienzsteigerung erkennbar.

Wird das System technisch ausgereift in Umlauf gebracht, ist eine Effizienzsteigerung garantiert.

Entlastung Projektteam

27.09.2012   27.09.2012

Im Original gezeichnet   *Im Original gezeichnet*

XXX XXX   XXX Präsident XXX

....

Datum, Unterschrift (Projektleiter/in)   *Unterschrift* (Projektauftraggeber)

Anhänge

- Projektstrukturplan (nicht freigegeben)
- Terminplan (nicht freigegeben)
- Kosten- und Ressourcenplan (nicht freigegeben)
- Protokolle (nicht freigegeben)
- Aktennotizen (nicht freigegeben)
- Projektstatusberichte (nicht freigegeben)
- weitere relevante Dokumente (nicht freigegeben)